Manolito
El Recogedor de Guayabas

(Vivencias de un niño en 1960)

Don Romualdo Torres Bonilla

ÍNDICE

¿Cómo surge el libro?	4
Dedicatoria	5
"APEADEROS"	6
La Casa de la Abuela	8
Los Vecinos de la Abuela	10
Mi Amigo Gelo	14
El Vagón de Panchito	16
Antolino	18
El Oribo	19
Mis Primeros Pantalones Largos	20
El Tigüero y la Llagua	23
El Mato y el Pique	25
El Pirulí y el Guano	26
El Garabato	27
Los Camineros	28
El Mocho	30
La Gacha	32
El Panadero	34
El Ranchón	36
La Pelea que Mami le Ganó al Toro	40
Managracia	42
El Fogón	43
Tita la Costurera	45
La Semana Santa	49
El Charco la Guajanilla	50
La Jolla "El Coquí"	51
Alka, Brisas del Caribe y el Gallo	54
La Zafra y el Capataz	56
El Quincayero	59
La Santigüera	60
La Llegada de Gin	61
El Gas Kerosene	63
La Mentira	65
La Burla	66
Los Emigrantes	67
Los Choferes de Carro Público	68
El Lagartijo	69
El Barbero	70
El Primer Televisor del Barrio	71
La Mudanza	72
Las Bolitas de Corote	73
El Tablazo	74
John F. Kennedy	76
La PRERA	78
El Conserje	79
El Fiao	80
El Juego de Sala	82
DATOS DEL AUTOR	84
Agradecimiento	86

Copyright © 2017 by Romualdo Torres Bonilla

All rights reserved. No part of this publication may be reproduced, distributed, or transmitted in any form or by any means, including photocopying, recording, or other electronic or mechanical methods, without the prior written permission of the author.

¿Cómo surge el libro?

Este pequeño libro surge de recuerdos y conversaciones familiares en la ciudad de Waltham, Massachusetts y lo comencé a escribir el 8 de septiembre de 1998. Cuando uno está en el extranjero se pone melancólico y surgen muchos bellos recuerdos de su tierra; se me ocurrió escribir un poquito de estos bellos recuerdos, porque sé que algo de esto puede que haya ocurrido en tu barrio y porque quiero que futuras generaciones se enteren de la realidad de esos tiempos. Todo lo escrito aquí va con mucho respeto, tanto hacía los personajes, como a ti como lector.

El lenguaje que uso, es el lenguaje común usado en ese tiempo y según sale espontáneo de mí mente, no quiero adornarlo con palabras bonitas sino que sea real. Espero que muchos de ustedes puedan transportarse al pasado , que presente y futuras generaciones conozcan algo de cómo se vivía en la década de los sesenta.

Dedicatoria

Este libro va dedicado a alguien que me ha dado todo sin merecerlo, que permitió que estos recuerdos se mantuvieran vivos en mi mente, por más de cuatro décadas y que me iluminó para poder escribirlos.
A TI MÍ SEÑOR,
DIOS.

"APEADEROS"

¿Qué Significa?   ¿Existe?   ¿Dónde Está?

La gente de la isla no saben dónde está y mucha gente de mi propio pueblo de Villalba nunca lo han visitado. En el mapa de mi pueblo aparece como Hato Puerco Arriba; Me viene a la memoria ese gran comediante del pueblo de Sabana Grande, localizado al Sur Oeste de Puerto Rico, que dio tantos momentos de alegría al pueblo Puertorriqueño, El Alcalde de Machuchal decía que en Villalba, o eran arriba o eran abajo, ya que sus barrios se llaman, Villalba Arriba y Villalba Abajo, Caonillas Arriba y Caonillas Abajo, Hato Puerco Arriba y Hato Puerco Abajo.

No puedo dejar de mencionar al querido barrio de Vacas que queda adyacente a Apeaderos. Precisamente Apeaderos es un sector bastante grande del barrio Hato Puerco Arriba, pero en la actualidad se le conoce como, **El Barrio Apeaderos.**

¿De dónde vino el nombre? Algunas personas dicen que la gente de Orocovis, del barrio Matrullas, del barrio Ortiga y del barrio La Francia, todos estos localizados al norte del barrio Apeaderos, en el centro de Puerto Rico, en las montañas entre los pueblos de Orocovis y Villalba, utilizaban esta ruta para bajar de las montañas del centro de Puerto Rico, vía Apeaderos, hacía Villalba, la ciudad de Juana Díaz o la ciudad de Ponce, localizadas en el sur de Puerto Rico, ya que se les hacía más cerca que otras rutas, como la del barrio Limón o la del barrio, Palmarejo cada una con gran cantidad de curvas y trayectos peligrosos y cada una a diferentes lados del barrio Apeaderos.

Este barrio está rodeado de montañas por el norte, por el este y por el oeste, quedando en las faldas de las montañas. Desde estos puntos había que bajar a él y de ahí surge el nombre de **Apeaderos.**

La Casa de la Abuela

Manolito, era un niño de ocho años de edad que vivía en el campo, en un barrio quizás igual al tuyo, con personajes pintorescos de su época, con aventuras y anécdotas propias de su edad y con vivencias según él nos narra a continuación.

Apeaderos, al igual que tu barrio, tiene sus cuentos pintorescos. Yo recuerdo con tanto cariño, tantos momentos
bonitos vividos en los años sesenta. Recuerdo la casa de mi abuela, "Conchita", así era como la conocían en todo el barrio, tenía el color bronceado como el de una india y el creer que teníamos sangre india tan cerca en nuestra familia para nosotros era un orgullo. Su cabello era de color negro, largo, lacio y muy bello. A veces se hacía trenzas o se hacía un moño cogido con una horquilla de las que se usaban en ese tiempo. Ella era una mujer muy buena y de muy buen corazón.

Su casita aunque pequeña y humilde tenía tres cuartitos y digo cuartitos porque lo que cabía en ellos eran camas pequeñas, aunque yo creo que la mayor parte de la gente en los años sesenta vivía bajo las mismas condiciones. También su casita tenía una salita con un sofá de madera y paja que cabían dos personas, una butaca y un sillón mecedor. Detrás del sofá estaba la mesa con tres sillas de madera, que era su comedor, pegado a un lado de la pared, la cual tenía una ventana, por ahí le tiraban los huesos al perro, que se llamaba "Júmaro", paticorto y tuco, esto era cuando había algo de carne que comer; cuando no, el pobre de Júmaro tenía que esperar a que todos comieran para poder disfrutar de lo que sobrara. Mi abuela siempre se las arreglaba para que Júmaro, siempre tuviera su platito hecho de una lata de sardinas en forma ovalado lleno todas las tardes.

La cocina tenía el piso hecho de troncos de palmas. No sé cuánto tiempo pudiera tener el piso, ya que brillaba de tanto que lo habían limpiado. Tenía una ventana con fregadero por la parte de afuera y desde ahí se veía la casa de "Ana" la vecina. Tenía una puerta que salía al patio trasero hecha de tablas rústicas de "pichipen". El patio lleno de piedras grandes y entre esas piedras había un palo de mamey y si no me equivoco fuimos muchos los que comimos de él. En la cocina, abuela tenía una estufa de dos hornillas que usaba una botella especialmente diseñada para estas estufas que usaban gas "Kerosene", también tenía una silla de madera que abría y cerraba y un banquito que brillaba de tanto uso que le habían dado, ahora que caigo en cuenta el banquito se me parecía al perro "Júmaro", porque era paticorto también.

Abuela también tenía una palangana pequeña en la cocina la cual usaba para lavar arroz, para ventear el café, cuando se pilaba después de asolearlo y para muchos usos más. Cuando venteaba el café o el arroz, ya que, Panchito, el abuelo, sembraba arroz del país y al arroz había que hacerle lo mismo que se le hacía al café, ponerlo al sol en toldas hechas de sacos, asolearlo, pilarlo y ventearlo para sacarle las pajas.

Los Vecinos de la Abuela

Recuerdo que cuando abuela venteaba el arroz o el café entonaba un pequeño verso que decía "Barlovento,

Barlovento", amarra el perro y suelta el viento y era sorprendente, el viento soplaba mientras ella lanzaba al aire el café o el arroz, lo que tuviera dentro de la palangana en ese momento y el viento se llevaba la paja mientras que los granos caían dentro de la palangana. Abuela también tenía, una cubeta de las que van dentro de la nevera, que no sé cómo la consiguió, la llenaba de agua y la mandaba a casa de un vecino, que vivía como a cincuenta metros de distancia todas las tardes para que al siguiente día todos en la casa pudieran tomar agua fresca.

Al vecino le decían "Yingo" así se le conocía, muchas veces uno conoce a las personas por el apodo y no por su verdadero nombre y creo que eso es común en nosotros los puertorriqueños. Yingo, era un hombre ejemplar, un gran vecino y un buen servidor público, como policía se le respetaba mucho dentro y fuera del barrio. Fueron muchas las veces que yo llevaba y buscaba la cubeta con hielo para echarla dentro de un envase de porcelana para enfriar el agua.

De ahí todos en la casa de mi abuela tomaban agua fría o en el pocillo o en el pote. Vaciábamos la cubeta, la llenábamos otra vez y la llevábamos de nuevo a casa del vecino para buscarla al día siguiente.

En aquel lugar habían muchas piedras, claro que cerca pasaba el río **Jacaguas**, que nacía en el barrio **Ortiga** pasando por el barrio **Apeaderos**, cruzando el pueblo de **Villalba** y el de **Juana Díaz**, hasta llegar al **Mar Caribe**. En los años sesenta el río **Jacaguas** tenía mucha agua y mucha pesca y muchos charcos hondos para uno "zambullirse", estas palabras se usaban mucho en los años sesenta.

En este vecindario habían cinco casas; La de Ana, la de abuela, la de Yingo, la de Herminio y había una de una señora que vivía después de una quebrada, después de la casa de Herminio, que si mi memoria no me falla su nombre era Paulita. Detrás de la casa de Ana, también había una quebrada.

Para aquella época los vecindarios tenían pocas casas. Muchos vecinos cocinaban y siempre mandaban un plato de comida a la casa del vecino más cercano, era una costumbre, se compartía, se respetaba, se apreciaba y se ayudaba aún con escasos recursos. Si la vecina se enfermaba y no podía hacer los quehaceres de la casa, la otra vecina le ayudaba barriendo la casa o fregando o le mataba una gallina y le preparaba un caldo con mucho recao para que se mejorara lo más pronto posible. Para ese tiempo los quehaceres de la casa correspondían a las mujeres y si un hombre cogía una escoba para barrer o se iba a fregar los platos se burlaban de él.

Volviendo al patio de mi abuela, este tenía muchas piedras según había mencionado antes. De hecho el camino vecinal tenía muchas piedras. La casa de mi abuela estaba ubicada entre la orilla del camino vecinal y la jalda del río. Al frente tenía un palo de corazón, más al frente por el trillito que nos conducía al río, había uno de guácima, por la cocina uno de mamey, que los daba riquísimos, pero había que esperar a que cayeran porque el palo era demasiado alto y difícil para trepar o subirse a él. Cuando caía un mamey, era una golosina lo que comíamos, también había unas cepas de calambreñas y también un palo de guamá y varios de limón.

Frente a la casa de mi abuela, antes de la de "Yingo", estaba la barraca o la tormentera, así le llamaban, era una casita pequeña en techo de dos aguas o en forma de v al revés con una puerta y una ventana, medía como ocho pies de largo, por seis pies de ancho y unos cinco pies de alto. Ahí, Panchito, guardaba sus herramientas, todos los productos agrícolas que cosechaba, los sacos, toldas, en fin todo lo que se usaba en el momento o en el futuro.

La tormentera se construía mayormente para la protección de vidas, durante las inclemencias del tiempo, como tormentas y huracanes. En ella también se guardaban artículos de emergencia, como fósforos, gas, quinqués, velas, un poquito de leña, etc.

Mi Amigo Gelo

Detrás de la tormentera había un palo de higuera que las cosechaba enormes y las utilizaban para hacer "Ditas". Partían la higuera por la mitad, le sacaban la pulpa, las limpiaban, las ponían al sol y luego cuando estaban listas, las utilizaban como utensilios de cocina, inclusive para comer en ellas.

Mi amigo, Gelo y yo cogíamos las higueras pequeñas de dos o tres pulgadas de largo, cogíamos palillos secos del tamaño de los fósforos, le poníamos a las higueritas cuatro patas y hacíamos nuestros caballos, reses o cerdos, una granja, nuestros propios juguetes. Como no había dinero para comprar juguetes y los juguetes los traían, "Los Reyes Magos" una vez al año que era el día seis de enero. Usábamos nuestra imaginación para crear, pasábamos todo el día jugando, esto por lo general era los fines de semana y cuando no había clases.

Como a unos doscientos pies de distancia de la casa de "Yingo", había una piedra enorme del tamaño de un cuarto de dormitorio y al lado el único palo de caimitos que había en todo el barrio, y de eso sabíamos nosotros que corríamos todo el barrio y sabíamos dónde estaban los palos de frutas. Este palo era enormemente alto con frutas deliciosas del tamaño de bolas de billar, notaran que uso la palabra palo en vez de árbol y era que ese era el lenguaje común y si decías árbol te llamaban fino y ridículo.

En aquella época, lo menos que hacíamos era estar en la casa, siempre estábamos fuera y lo que comíamos era esto: guayabas, caimitos, cundiamor, guanábanas, calambreñas, guácima, mamey, pomarrosa, corazón, guamá, chinas, algarroba, toronjas, tamarindo, quenepa, caña, guaba, granadas, jaguas y todo lo que encontrábamos, casi todo era silvestre; Por cierto era casual que uno visitara el hospital con este tipo de dieta.

Para llegar a la casa de mi abuela, había que bajar desde la carretera hasta el río por un trillito, esto es un camino pequeño y angosto, que no cabían dos personas y si resbalabas fácilmente podías caer por el risco al río. Había una parte donde tú saltabas de laja a laja donde podías cruzar el río, cuando el río tenía poca agua, había otra parte donde había calzadas. Las calzadas eran piedras que los vecinos acomodaban mayormente en línea recta separadas como a un pie de distancia entre ellas en la parte más corta y más llana del río para que la gente lo pudiera pasar de un lado al otro sin que se les mojaran los zapatos o la ropa. Se les llamaban calzadas porque por debajo de ellas, se le colocaban piedras pequeñas como calzos para evitar que se movieran cuando uno se paraba en ellas. Muchos fueron los que cayeron de las calzadas al río, incluyéndome a mí.

El Vagón de Panchito

Había también el vagón de, Panchito, le decíamos así a un cajón de madera de tres o cuatro pies de ancho por cuatro o cinco pies de largo, sostenido en el aire por una pateca la cual corría por un alambre de tensión como cien o ciento cincuenta pies a lo largo, este alambre tenía como una pulgada de diámetro. Por el medio del vagón pasaba otro alambre de media pulgada de grueso con menos tensión, más flexible, este cajón parecía un teleférico.

Cuando crecía el río de lado a lado, esta era la forma de cruzar el río, jalábamos el cable con menos tensión y la pateca engrasada corría por el cable que tenía tensión, el más grueso de los dos transportando a todos los que fueran a cruzar el río de un lado a otro. Muchas veces la creciente del río era tan grande que daba miedo y tardaba horas en bajar el nivel del agua y era imposible cruzar el río a menos que se hiciera en el vagón de, Panchito. Era un medio de transporte. El cable que sostenía al vagón estaba atado al tronco de dos palos fuertes que eran de guamá uno a cada lado del río.

Hablando del río **Jacaguas** mi familia vivía como a un kilómetro de la casa de mi abuela río arriba y la carretera nos quedaba al otro lado del río. Teníamos un palo enorme de tamarindo al frente de la casa al cual yo nunca pude trepar, me daba miedo por lo alto que era y porque estaba en un risco a la orilla del río.

Antolino

$\mathcal{E}$ste palo de tamarindo daba buena sombra al patio, junto al tronco del palo teníamos un barril de madera de los que se usan para añejar vinos, mi papá, "Antolino", compró cemento y lo empañetó por dentro para así poder mantener la frescura del agua que se consumiría en el hogar. Cuando no había neveras se usaba mucho el barril.

También en el palo de tamarindo había palomares, estos eran unas latas de galletas por sodas, "export sodas" que se clavaban en las horquetas del palo para que las palomas hicieran sus nidos. Al lado izquierdo de la casa estaba la letrina, palos de quenepa y de toronja y a la derecha palos de corazón. Creo que tanto en "Apeaderos", como en la gran mayoría de los barrios en Puerto Rico, el sistema sanitario que usaba en la década de los sesenta era la letrina, no solo en las casas sino también en los negocios.

El camino era un trillito hasta bajar al río y también había calzadas para cruzar el río. Cada vez que crecía el río se llevaba las calzadas y había que buscar nuevas. También estaba el lavadero; porque se lavaba en el río, por lo general se llevaba la ropa en un baño de metal al río, se buscaba una piedra que fuera plana y la acomodábamos en una forma que sirviera como tabla de lavar.

El Oribo

*S*e usaba un jabón de color azul en forma de barra y cloro. No se usaba suavizador, eso no se conocía, la ropa, mi mamá la suavizaba dándole cantazos contra una piedra, la ropa quedaba limpia y muy olorosa. Le decíamos a la barra de jabón azul, jabón de perro y lo usábamos para bañarnos también y lo limpio y oloroso que uno se sentía.

Mientras mi madre lavaba, yo me dedicaba a pescar, le tenía miedo a las bruquenas, pero me gustaba pescar las gatas verdes, le decíamos así a aquellas guábaras que sus dos patas del frente tenían uñas y cuando tú las pescabas te arañaban, estas patas eran más grandes que las otras. Las guabaras tenían un color verdoso.

También pescaba El Oribo, no creo que en, Puerto Rico, existan en este tiempo. El Oribo era un pez de río que medía de seis a ocho pulgadas de largo y como una pulgada de ancho, era verdoso por encima y blanco por debajo, tenía debajo de la cabeza como un orificio que succionaba, era baboso y la única forma de cogerlo a mano era con arena en las manos, era delicioso; Pero cuán grande era la ignorancia al pescarlo. Lo mismo está pasando ahora con el camarón de río, los pesticidas y todas las porquerías que lanzamos a nuestros cuerpos de agua, contribuyen a la extinción de estos preciados habitantes de nuestros ríos.

Mis Primeros Pantalones Largos

Mi padre viendo los contratiempos que tenía el pequeño vecindario de cuatro casas habló con los vecinos y se pusieron de acuerdo para hacer la construcción de un pequeño puente como cien pies más arriba de las calzadas entre dos lajas como de quince pies de alto. Compraron cemento, varilla de acero y usaron la arena del río, el puente fue un éxito total.

En una ocasión mi madre estaba lavando y tenía su baño lleno de ropa, entre la ropa mis primeros pantalones largos, los únicos que tenía, recuerdo que la primera vez que me los puse tenía yo ocho años de edad y me dijeron que ya era un hombre porque usaba pantalones largos.

Pues estaba mi mamá lavando cuando los vecinos gritaron, "golpe, golpe", el golpe viene, cuando nos dimos cuenta y de milagro nos salvamos, el río bajaba con una creciente de lado a lado, estaba lloviendo para las montañas y no nos habíamos dado cuenta, la creciente se llevó el baño con la ropa y con él mis primeros pantalones largos también, volví a ser niño otra vez.

Recuerdo también que por esa parte del barrio había muchos palos de pana y nos íbamos quebrada arriba con una lata a buscar panas, las recogíamos y nos íbamos al río a lavarlas y en la misma lata con un poco de agua y sal las poníamos en tres piedras, encendíamos la leña y como a la media hora estábamos disfrutando de unas ricas panas cocidas. Mucha gente les llama panas de pepita para diferenciarlas del panapén o mapen como algunas personas las conocen.

A los troncos de los palos de pana, les dábamos unos tajos o cortes con el machete y estos empezaban a votar un líquido blanco como si fuera leche, a la semana siguiente íbamos y chequeábamos estos palos y el líquido se había tornado del color crema y era como de goma, lo cogíamos, lo lavábamos y nos lo echábamos a la boca como si fuera goma de mascar. La poníamos suave y pegajosa y esta goma la usábamos para capturar pichoncitos en el monte.

Nosotros mismos hacíamos nuestras jaulas, había creatividad, dentro de la jaula colocábamos o un pichoncito de juguete o una fruta, lo que tuviéramos disponible, en la entrada de la jaula colocábamos la goma la cual ya habíamos suavizado y esperábamos con mucha paciencia a que cayera algún pichoncito, especialmente los canarios que los pagaban bien. Yo nunca llegue a capturar un canario, lo que capturaba eran reinitas y las tenía que soltar nuevamente, era lo mejor porque todos estos pichoncitos los crea, **Dios** para que todo el mundo se deleite con su belleza y si no lo han notado tomen un minuto y escuchen a un ruiseñor cantando en primavera a ver si pueden determinar cuántas formas de cantar tiene o cojan medio minuto de su tiempo y observen la belleza de un "cheto", o la delicadeza de un **picaflor** Hay tanta belleza que solo a través de la ignorancia la destruimos.

Cuando estábamos en el monte aprovechábamos y nos traíamos los racimos de palmas reales o de "pepitas de puerco", así le llamábamos porque se las echábamos a los cerdos y les gustaba mucho de hecho a la gente también les gustaba y nosotros como niños al fin también las llegamos a probar, era duras y sabían a coco quien sabe si en tiempos de mayor necesidad la gente las consumían como alimentos para saciar el hambre.

El Tigüero y la Llagua

También de las palmas reales nos llevábamos el "tiguero", que se usaba para ventear café pilao y nos llevábamos la "llagua", para usarla como trineo y echar carreras loma abajo, a veces en una llagua se montaban hasta tres personas grandes y pequeñas, lo mucho que se disfrutaba deslizándose loma abajo. De los racimos de pepitas de las palmas reales sacábamos las escobas que usábamos para barrer el patio, antes en la década de los sesenta no había chavos para sembrar grama, lo que se hacía por lo general los sábados era desyerbar el patio, limpiarlo bien de basura y barrerlo con la escoba de palma.

En los patios crecían unas matas que echaban unas florecitas amarillas pequeñas, con ellas hacíamos un ramo que nos servía como escoba, eran muy buenas también para limpiar el patio, eran muy duras de arrancar, a los cerdos les gustaba mucho, eran babosas y creo que tenían algo de curativo. Una vez limpiando el patio me corte un dedo, cogí unas hojas de esta planta, las mastiqué, las puse sobre la herida y la hemorragia se detuvo inmediatamente.

El Mato y el Pique

Otra cosa que nosotros buscábamos en el monte eran los "matos" eran unas semillas rojas que tenían una línea negra a lo largo de la semilla, parecen como unas habichuelas pero como diez veces más grande que las normales. El caso es que uno venía y las frotaba contra una piedra o contra la madera y se calentaban y se las pegabas a cualquiera de sorpresa y lo hacías saltar porque sentías que te quemaba, esa era una de las maldades sanas de aquella época.

En los años sesenta, casi todas las casas tenían su botella de "pique", hecho en casa, con ajíes bravos, ajíes caballero, ajos y de todo lo que le quisieras echar. Ponían todos los ingredientes en una botella de cristal, la ponían al sol por varios días para que fermentara; cuando estaba listo el "pique" se usaba en todo tipo de comida tanto en carnes como en el arroz, como en las viandas o sopas, el "pique" era parte de la tradición. El "pique" se usaba y se usa ahora para dar un sabor extra a las comidas. Ahora que se un poquito más que antes y que he compartido con personas de otros países que me han indicado que han usado el "jalapeño" para mitigar el hambre, puede que aquí en mí país se haya usado el "pique" con el mismo propósito, el "pique" era un suplemento en las comidas.

El Pirulí y el Guano

También había unas semillas pequeñas rojas que se llamaban, "pirulí" eran redondas. Íbamos al monte a buscarlas, se daban en enredaderas y se usaban en la parte de abajo de las lámparas que usaban gas "kerosene" estas lámparas se usaban en casi todas las casas, no sé cuál era el propósito de las semillas, si era para rendir el gas o para darle un toque de color a la lámpara. También que al usar la lámpara o el quinqué o la alcuza para estudiar de noche al otro día amanecías con los rotos de la nariz "tiznao" o negros.

Y qué me dices de las "camándulas", se daban a las orillas de los ríos, quebradas o donde hubiera humedad como al lado de las piletas o plumas, parecían matas de maíz, estas semillas se usaban para hacer collares, pulseras o rosarios, ahora se usan para muchos tipos de artes manuales. No me puedo olvidar del "Guano" que se daba en palos altos y que en la finca de Don Manuel había, se usaban para hacer almohadas. También recuerdo los "Calzones Rotos" que nuestras madres y nuestras abuelas remendaban con sus parches.

El Garabato

Antes de mudarnos a la casa que anteriormente les había descrito vivíamos en una casa alquilada que pertenecía a Don Andrés, esta casa antes de nosotros mudarnos a ella era una tienda y estaba a la orilla de la carretera, entre la carretera y el río Jacaguas. Cuando mirabas por la ventana donde estaba el fregadero desde donde se veía el río muy abajo, había dos palos de mangos de piña que los daban riquísimos. Había dos problemas con estos mangos, uno era que los palos eran muy altos y el otro era que cuando caían se estrellaban con las piedras o caían dentro de un corral de puercos que, Don Andrés, tenía al lado abajo de la casa.

De hecho esta casa era de altos y bajos. La forma en que cogíamos los mangos era con una vara de bambua que al final le colocábamos una bolsa pequeña de tela y un "garabato". ¿Que tú no sabes lo que es un "garabato"? El "garabato" es un pedazo de palo el cual le partíamos una parte de la "jorqueta" y lo convertíamos en una especie de gancho parecido a la figura del número siete o parecía como una v con una pata larga y la otra corta.

Los Camineros

El "garabato" tenía muchos usos y todavía los tiene. La gente lo ha convertido en una herramienta más de los quehaceres de la agricultura, lo usan para bajar ganchos, para coger el café o para hacer más fácil el doblar el palo sin que se rompa, para tumbar quenepas, chinas, aguacates o para deshierbar o talar la finca o caminos.

Los "camineros" usaban mucho el "garabato", se le conocía como "camineros" a aquellos grupos de personas que el gobierno municipal o estatal contrataba para mantener los caminos limpios de malezas o hierbas, para limpiar las cunetas para que cuando lloviera el agua bajara libremente por las cunetas sin que hiciera daño al camino vecinal, para tapar hoyos en los caminos y para mantener estos en buenas condiciones. Esta era una fuente de empleo que ayudaba mucho a todo aquel que necesitaba un empleo temporero en aquel tiempo.

Volviendo a los vecindarios, la casa de Don Andrés y su señora, Doña Mary, gente buena que queríamos y apreciábamos mucho a los cuales recordamos con cariño y mucho respeto, se encontraba al lado derecho de la que mis padres tenían alquilada entre la carretera y el río con palos de mango de piña y de rosa al frente. A la izquierda se encontraba la casa de Don Manuel y Doña Elvira, los padres de Don Andrés. Don Manuel era bajito en estatura y Doña Elvira también. Doña Elvira era muy buena conmigo y me ofrecía de todo lo que ella cocinaba y me daba dulces de vez en cuando, especialmente cuando le hacía los mandados.

Don Manuel, que cuando lo conocimos pasaba de los sesenta años, todavía se mantenía duró, trabajaba en la finca talando o cogiendo café o sembrando. Era muy cuidadoso, le gustaba economizar y no malgastar. Muchas fueron las veces que almorzamos juntos en la finca o en su casa, yo le llevaba el almuerzo a la finca. El menú casi siempre era vianda de la que el cosechaba, con tocino, jamón frito o bacalao, quizás por ese tipo de menú era que se mantenía fuerte y con mucha energía.

El Mocho

Mi hermano mayor, Julio, podía tener como doce o trece años me llevaba cinco años y todavía me los sigue llevando, fue contratado de boca, verbalmente por Don Manuel, para que talara o cortara los palos de guayaba que había en el pasto de su finca, el pasto es la parte de la finca que no está sembrada y se utiliza para el ganado o como quieran llamarle, reses.

Cuando mi hermano, se fue a trabajar, Don Manuel, me pregunto, ¿El tiene un machete o un mocho? "mocho" se le dice a un machete gastado por el mucho uso. Yo con la ignorancia de un niño de ocho años le dije creyendo que le estaba haciendo un favor a mí hermano, él tiene un mocho boto que no corta mucho; Don Manuel siendo muy cuidadoso me dice no muchacho, vete corriendo al pasto y dile que venga que puede haber un accidente con el mocho boto, en otras palabras con el machete bien amolao había menos probabilidades de accidente. Yo corrí hasta el pasto que quedaba como a un kilómetro de distancia se lo dije a mi hermano; él me dijo que no me preocupara, que todo estaba bien que él tenía lima y el mocho estaba bien amolao, volví corriendo hasta donde estaba Don Manuel y le dije que todo estaba bien y él se tranquilizó.

Antes muchas personas sacaban el domingo para ir a misa, se ponían su mejor ropa, todos los que iban a misa los domingos lo hacían así. Don Manuel, se ponía una camisa blanca planchada con almidón, usaba unas ligas o elásticos en las mangas, se ponía su sombrero de domingo, digo de domingo porque él tenía el sombrero del diario y sus pantalones con ruedos al revés, él me decía que lo bueno de los pantalones con los ruedos al revés era que si perdía una moneda o algo que buscara en los ruedos que era probable que ahí lo encontrará.

Una vez el me llevó a misa, era en el pueblo como a cinco kilómetros de donde vivíamos. Me pagó el pasaje que era como diez chavos, fuimos a misa y como se estaban celebrando las fiestas patronales me llevó a que me montara en los caballitos. Recuerdo que se metió la mano al bolsillo, saco un pañuelo de cuadros y en una de las puntas tenía su dinero amarrao con un nudo que le hizo tan apretado que en lo que soltó el nudo los caballitos dieron como cuatro vueltas. Esperó a que yo terminara mis vueltas, me compró una piragua de frambuesa y tamarindo y esperamos hasta que apareció el primer carro público que nos llevaría de regreso. Don Manuel, me trató muy bien aunque era de vez en cuando cascarrabias, me trató con cariño y con respeto aun siendo yo un niño de ocho años.

La Gacha

Como a doscientos metros de la casa de Don Manuel, estaba una tienda o cafetín de nombre "La Gacha", famosa en aquellos tiempos en mi pueblo por sus bailes. La música de este cafetín se escuchaba en todo el vecindario. En los años sesenta compraban las botellas de cristal, las de refresco, las de maltas, las de ron y pagaban un chavo por cada una. Muchos de los niños nos dedicamos en tiempo libre a recoger botellas, las llevábamos al cafetín "La Gacha" y "Doro" que era el dueño nos las compraba. Le decían también "el Corso", creo que venía de Córcega.

Con lo que él nos pagaba por las botellas, compramos unas gomas de mascar que se llamaban "Rigleys Juicy Fruit", con cierta cantidad de etiquetas de esta goma de mascar podrías cambiarlas por trompos con los colores de la bandera norteamericana, pitos, flautas, paletas de jugar, jacks y muchos otros juguetes. El nombre del negocio "La Gacha", le dio el nombre a ese sector y creo que se debe según me contaron a una vaca que era gacha, que le faltaba una oreja, que la vendieron y con el dinero hicieron el negocio. Otros dicen que fue que la vaca se ahogó en un charco muy hondo que había detrás del negocio y de ahí el nombre.

El Panadero

Como a unos doscientos metros más abajo se encontraba la casa de "Lópe" entre otras tres o cuatro casas más. "Lópe", así se le conocía a este hombre que en si venía a ser el panadero del barrio o el que vendía el pan. Fueron muchos los años que se dedicó a este negocio. Recuerdo que tenía una libreta donde llevaba sus cuentas. Todos los que vivíamos por aquel sector, íbamos por la mañana a buscar una o dos libras de pan con dos chavos de mantequilla, que no sé cómo la media porque el espetaba la paleta de madera que tenía en una lata de mantequilla y lo que sacaba lo echaba en un pedazo de papel color "Brown".

En lo que yo llegaba a casa con el pan ya la mantequilla en parte se había derretido. "Lópe", tenía un banco que brillaba y decía mi tío Carlos, que aquel banco tenía más años que Lópe y mira que él tenía bastantes. El banco de Lópe, brillaba de tantos que se habían sentado en el, haciendo chistes, bromeando y pasando largos ratos de buena conversación y buenos momentos de alegría.

Un poco más al frente había una quebrada un poco caudalosa, especialmente cuando crecía, bajaba desde el barrio Limón. Después de esta casa estaba la de "Bruno", vecino que poseía uno o dos troces, o camiones y se dedicaba a la compra y venta de vegetales. Luego, la casa de "Mayin", la de Jacinta, que le decían, "Jacinta la Ciega", creo que aún con su desventaja, con sus limitaciones cocinaba y hacía todos los quehaceres de la casa, especialmente, cuando su hijo "Tito" se iba a trabajar a los campos de los Estados Unidos. Luego estaba la casa de "Atilano", al lado abajo de estas casas había un caminito que conducía a la casa de "Herminio" al otro lado del río o a la casa de "Paulita".

Después de la casa de "Atilano", se encontraba la entrada que conducía a la casa de mi abuela, a la parte izquierda de esta entrada había como veinte o treinta muros de los que ponen en las carreteras como vallas de protección y luego la casa de "Tano y Mara".

Tano y Mara, eran una pareja normal de aquel tiempo, con un cuadro de familia entre regular y grande, diríamos como de cinco a seis hijos. Vivían en una casa pequeña entre la orilla de la carretera y lo que sobraba de la curva hacía un precipicio al lado derecho de la casa, que daba al río Jacaguas y por detrás de la casa otro risco que daba a una quebrada. La verdad es que no sé cómo se las arreglaron para criar su familia en un espacio tan pequeño y tan peligroso, pero también quiero mencionar que en aquel tiempo tampoco había muchas opciones.

El verdadero nombre de "Tano", yo nunca lo supe. Quizás un día de estos un hijo de el al que le llaman "Prieto", me lo diga ya que lo he visto allí todavía después de cuatro décadas. "Tano" trabajaba en lo que apareciera y le gustaba negociar. Déjenme contarle que en los años sesenta muchas familias no eran dueños del terreno donde estaban ubicadas sus casas.

El Ranchón

Al lado izquierdo de la casa de "Tano" había un "Ranchón", o un garaje viejo que muchas veces lo usaba "Albino", el vecino que vivía al otro lado de la quebrada, para guardar su truck o camión cargado con vegetales que compraba a los agricultores y luego los llevaba a la plaza del mercado de Ponce o Mayagüez. Esta era una práctica común en todos los barrios. Los que se dedicaban a comprar y vender vegetales, tenían un ranchón o garaje para arreglar sus cargas antes de llevarlas al mercado. Lo hacía Bruno y Albino en Apeaderos, Victor en el Limón, Marcano en la Ortiga y creo que Jaime en el barrio Vacas. Lo más probable tú has conocido a alguien en tu barrio que se dedicaba a lo mismo.

El ranchón que había en "case de Tano", recuerden que desde un principio dije que iba a usar el lenguaje común según se usaba en los años sesenta. La mayor parte de la gente no decía en casa de fulano, sutano o mengano. Este ranchón fue utilizado por mucho tiempo para recoger la cosecha de guayabas. Era preciso ver cuánta gente iba a recoger guayabas, por los pastos para luego llevarlas al ranchón y venderlas.

La guayaba era silvestre, no eran fincas sino pastos que se utilizaban para la crianza del ganado. Se preparaban latas de manteca de cerdo que se les conocía como "latones", latas de galletas por sodas, así se les decía, a estas latas se les quitaba la parte de arriba con un mocho viejo de forma que no cortara y fuera fácil de llenar y vaciar. En la parte de arriba se le colocaba un pedazo de palo redondo de un lado a otro y se clavaba el palo de afuera hacía adentro para así poder cargar el latón con su carga. Casi siempre cargábamos uno en cada mano. Yo sé que al principio pagaban treinta chavos por latón lleno de guayabas y veinte chavos por la lata de galletas llena de guayabas, al año siguiente el latón aumentó a cincuenta chavos y la lata no recuerdo a cuanto aumentó.

Nosotros recogíamos guayabas después de la escuela, pero como la escuela nos quedaba muy lejos apenas lo que teníamos de tiempo para ir al monte era quizás media o una hora, en ese tiempo no podíamos recoger mucho y lo que hacíamos con lo que recogíamos era que lo escondíamos para al otro día completar. Había veces que en un palo de guayaba lo que recogíamos eran tres guayabas como también había palos que podíamos recoger cien guayabas o más.

Muchas fueron las veces que se nos pegaron las avispas, yo creo que no hubo una sola persona que no fuera picada por las avispas, muchas veces teníamos que andar con fósforos, papel y un canto de palo para hacer un "Jacho", o una antorcha, muchas veces lo encendíamos y quemábamos el avispero para entonces coger la cosecha de guayaba, esto lo hacíamos por la ignorancia, sin saber que estos animalitos polinizaban los frutos y alimentos para nuestro propio consumo. La avispa casi ha desaparecido en

Puerto Rico, por la quema de pastos, los insecticidas, el descontrol cortando árboles y muchos otros factores.

Las avispas era uno de los peligros, el otro era los toros bravos, como había mucho ganado pues siempre habían toros que nos hacían correr y teníamos que estar pendientes a todo esto, otros eran los rayos y relámpagos. Cuando llovía teníamos que buscar donde guarecernos. A mitad del monte había una casa vieja abandonada que le decíamos, el establo, casi siempre corríamos allí a protegernos cuando nos daba el tiempo.

Cuando llegabas al ranchón el turno era en orden de llegada, Tano, contaba la carga y te pagaba el importe. Allí mismo te vendía el pan, la pasta de guayaba y los refrescos. Imagínate uno todo el día en el monte sin comer, con hambre y sed, pues uno compraba rápido, tenía uno para gastar de lo mismo que había ganado. Un día bueno para mí era cuatro o cinco dólares, para lograr esto había que acumular guayabas por dos o tres veces que ibas al monte. Había que cargar diez latones que los pagaban a cincuenta chavos cada uno. Había que hacer alrededor de diez viajes trameando la carga. Con todos estos sacrificios sigo diciendo, que lindo eran aquellos tiempos.

Les voy a contar como me gane dos correazos en las piernas que me dio mí padre por faltarle el respeto a mí abuela. Lo que paso fue que yo me entretuve hasta muy tarde jugando con mi amigo "Gelo", mi abuela preocupada porque yo tenía que caminar como dos kilómetros para llegar a mí casa y ya era tarde me regaño y yo le conteste "las suegras se meten en lo que no les importa" imagínense mí padre, que respetaba y quería tanto a mí abuela, se enteró de mí falta de respeto, esperó hasta el otro día y ajusto cuentas conmigo. Aprendí la lección y no volví a faltarle el respeto a mí abuela.

La Pelea que Mami le Ganó al Toro

Volviendo atrás un poco, déjenme contarle la pelea que mi mamá le ganó al toro, mami tenía su lavadero en el río, al lado del lavadero ponía la ropa y según iba lavando iba echando la ropa en el baño para que se ablandara con jabón, ahí la dejaba un ratito, iba a la casa a hacer otros quehaceres y luego volvía al río a enjuagar la ropa. Un día se sorprendió cuando desde el patio de la casa notó que había bajado ganado a beber al río, pero a un toro le dio con buscar en el baño donde mi mamá tenía la ropa ablandando. Cuando mami llegó al río se armó de una vara y de valor , fue y se paró frente a frente al toro. Este se estaba comiendo una pieza de ropa, lo más triste es que era la sabanita del bebe, de mi hermanito, Monchito. Era una sabanilla bordada a mano, preciosa, hecha por "Rita" la esposa de "Yingo".

Viendo que el toro se estaba comiendo la sabanilla, agarró la sabanilla de un extremo y empezó a forcejear con el toro, aunque mi mamá no pudo salvar la sabanilla ya que estaba llena de rotos y verde de tanto que el toro la masticó no le dio el gusto al toro de que se comiera la sabanilla del bebe. Hacerse de las cosas no era fácil y más cuando la familia era grande como la de nosotros, lo que teníamos había que protegerlo y conservarlo.

Managracia

En la casa de Yingo, vivía una viejita, que en aquellos tiempos, en los años sesenta podía tener como noventa años o sea que había nacido en el siglo pasado, esta señora si no me equivoco era la mamá de Yingo y se llamaba, Lolita, era bajita, blanca de ojos azules. Era increíble, esta señora a su edad podía ensartar la aguja o sea pasar el hilo por el pequeño roto que tenía la aguja y coser. Era muy buena, dulce y cómica. Le decía a sus nietos; anden así derechita como yo, no se daba cuenta que el peso de los años la habían doblado como a toda persona de su edad.

Hablemos ahora de "Engracia o Managracia" como se le conocía, Managracia, era la mamá de mi abuela "Conchita" o mi bisabuela. Tenía como noventa años también cuando yo la conocí. Vivía en el barrio Ortiga, sector el miradero, era una mujer que en sus tiempos de joven, tenía que haber sido una mujer muy alta, grande, era blanca, la nariz larga y de ojos azules. A esa edad ella cocinaba en un fogón.

El Fogón

Un fogón era donde mayormente se cocinaba en aquellos tiempos, en los años sesenta. Se cocinaba con leña, se colocaban tres piedras como formando un triángulo y ahí se colocaban las ollas. Mucha gente preparaba el fogón detrás o al lado de la casa. Para preparar el fogón cogían y hacían como un cuadro de madera, cuatro tablas clavadas a un palo en cada esquina como un cuadrado, se le ponía un piso de madera y encima del piso se le ponían planchas de zinc, lo llenaban de tierra y le ponían las tres piedras que les mencione o les ponían seis o lo hacían con cinco piedras, en está forma podían colocar dos ollas y cocinar a la misma vez.

Aún la gente que tenían estufas tenía también su fogón para poder rendir el gas kerosene. El gas había que comprarlo, la leña no. Pues, Managracia, cocinaba, lavaba, hacía quehaceres de la casa y también podía ensartar la aguja a esa edad. Managracia enfermó y mi abuela decidió traerla a vivir con ella para cuidarla en su pequeña casa de Apeaderos, pero para llegar a este barrio desde el barrio la "Ortiga" había que bajar por el barrio Limón.

Cuenta mucha gente en forma chistosa que para hacer la carretera del barrio, Limón, soltaron a un burro con una soga amarrada al cuello y según iba el burro caminando la soga iba marcando y es por eso que la carretera del barrio, Limón, tiene tantas curvas. Mucha gente que viaja por ella se asustan o se marean, aunque yo las he visto peores en otros lugares.

Este fue el caso de "Managracia", ella nunca se había montado en un carro; bueno ella me contó, que cuando vieron el primer avión en el cielo muchos años antes, se asustaron tanto que corrieron y se metieron debajo de la casa a rezar porque según ellos creían que el mundo se iba a acabar. En aquel tiempo los aviones hacían mucho ruido.

Pues había que transportar a "Managracia", por toda esa carretera hasta Apeaderos, fueron muchas las veces que el carro tuvo que detenerse, la pobre Managracia, se mareo tantas veces que creíamos que tendríamos que llevarla al hospital. Cuando llegamos a Apeaderos, estaba verde a consecuencia del viaje. Ahí la estaba esperando un grupo de amigos de la familia para poder bajarla por el trillito o el caminito que conducía desde la carretera pasando por el río Jacaguas hasta la casa de mi abuela. Trataron en vano de que Managracia caminara pero no podía sostenerse en sus pies.

Decidieron cargarla en una hamaca, buscaron unas sábanas fuertes y una bambua e hicieron una hamaca la acostaron dentro de esta y entre cuatro personas bajaron paso a paso a Managracia, hasta el río, por el camino. Por este camino no cabían dos personas una al lado de la otra. Este camino tú lo bajabas normalmente en dos minutos, ellos se echaron más de media hora en poder bajar. Tuvieron que usar cuatro hombres por el peso de ella. Finalmente la pudieron llevar a la casa donde tardo semanas en poder recuperarse del viaje.

Tita la Costurera

Viendo que la casita era muy pequeña para los que vivían en ella y ahora con Managracia, pues se hacía un poco más difícil, un poco más incómodo, tenían que hacer algo. No podían hacer otro cuarto a la casita porque el terreno no era de ellos, había que pedir permiso al terrateniente o dueño del terreno, pero por lo general se negaban a dar el permiso, ya que consideraban a todos aquellos que tenían casas humildes en terrenos que no les pertenecían como "Arrimaos". Mi abuela y toda la familia en aquel tiempo desconocían que al estar la casa a orillas del camino vecinal, entre el camino y el río, ese terreno pertenecía al camino y al río o sea , al gobierno no a ningún terrateniente.

Mi tía "Tita" y "Panchito" eran los que proveían, los que sostenían la familia. Tita, era costurera, no fue a ninguna escuela a aprender, aprendió por sí sola a coser en máquina. Ella trabajaba de costurera en Villalba y luego en Ponce. Todas las mañanas a eso de las cinco de la mañana un carro público la recogía a ella y a otras personas que no tenían transportación propia para llevarlas al trabajo y las recogían de vuelta por las tardes como a las cuatro o cinco de la tarde para traerlas de regreso a sus casas. La tarea de Tita era de doce horas diarias desde que salía hasta que regresaba a la casa, claro que solo cobraba por ocho de trabajo.

Mi abuela se levantaba mucho más temprano a prepararle el almuerzo a Tita, que se llevaba en un termo y a Panchito, un poco de desayuno antes de que se fuera a las talas o a cortar caña. A Tita le pagaban los viernes y le pagaban en pesos gordos en una bolsa, de ahí ella pagaba la transportación, le daba a abuela para la compra, daba la ofrenda a la iglesia ya que era muy religiosa y todavía lo es y siempre guardaba algo de lo poco que ganaba para prestar al necesitado o para regalar a sus ahijados ya que ella era la madrina del barrio. Como decían muchos en el barrio, "no hay muchacho en el barrio Apeaderos que no sea ahijado de Tita".

Después que Tita venía del trabajo todavía sacaba par de horas para coser en su máquina la cual había comprado a crédito y pagaba a plazos con aquella ropa que ella cocía en casa y le pagaban que no era mucho ya que como casi todo el barrio eran sus compadres no les cobraba lo que valía el trabajo sino, mucho menos. Hacía maravillas con el poco dinero que ganaba, muchas veces no cobraba por estos trabajos ya que las personas no tenían con qué pagar.

Ya que no podía hacer otro cuarto a la casa mi tía Tita, decidió comprar una cuerda de terreno que vendían más abajo como a diez minutos caminando. No sé cómo lo hizo pero lo hizo, compró el terreno y mandó a construir una casa de cuatro cuartos de dormitorios, sala y comedor juntos que los dividía un sofá y una cocina. No recuerdo si le hicieron el baño o luego fue agregado porque había una letrina también. Había una pileta para lavar detrás de la cocina y un ranchito al lado donde Tita cocía y donde Panchito guardaba herramientas y también guardaban los "motetes" se le decía así a todos aquellos paquetes que tú no usabas en el momento y los querías sacar del medio para que no te molestaran y los guardabas.

La nueva casa estaba lista y llegó el momento de la mudanza, todos se hicieron a cargo de unas tareas y a mi me tocó llevar o acompañar a Managracia, de una casa a la otra, gracias a Dios no me la tuve que echar al hombro porque imagínense con lo que ella pesaba no hubiese podido ni levantarla del suelo. Bueno había que caminar como diez minutos, por el camino vecinal lleno de piedras y malezas a las orillas, el camino corría a orillas del río Jacaguas.

Managracia, caminaba con un bastón, pero a su edad no avanzaba mucho, el bastón lo tenía en la mano derecha y con la otra se agarraba a mi brazo derecho, me apretaba el brazo con tanta fuerza que hubo veces que tuve que pedirle que me soltara porque me dolía. Llevamos también una silla, ella daba cuatro o cinco pasos y se sentaba en la silla, me decía, "Mijijo" vas muy rápido y yo soy vieja; poco a poco llegamos y eso que íbamos a paso de hormiga.
El trayecto que se hacía normalmente en diez minutos nos tomó como dos horas en poder recorrerlo.

Por fin llegamos con Managracia a la nueva casa, la sentamos para que se recuperara del viaje y a mi el dolor en el brazo me duró hasta el otro día. Siguió pasando el tiempo y Managracia enfermó y cayó postrada en cama, no podía levantarse. Hasta que un día mi papá fue a verla, ella no tenía fuerza en las piernas que las pudieran sostener, mi papá le recomendó que se sobara las "Coyunturas" con gas kerosene, el gas que se usaba en las estufas. Abuela empezó a darle sobos a Managracia en las rodillas y en los tobillos con el gas y después de esto Managracia se pudo levantar de su cama y caminar como diez años más.

La Semana Santa

Hablando de la tía Tita, que era costurera, que era la madrina del barrio y que era religiosa. Pues durante la Cuaresma ella era la que organizaba una de las tradiciones que con más respeto se celebran en Puerto Rico. Ella las organizaba y las dirigía con ayuda de otros vecinos la **"Semana Santa"**. Durante esta semana no se podía comer carne, no se podía bailar durante la Cuaresma, el Viernes Santo no se podía trabajar, ni martillar, ni golpear, ni cantar, ni hacer ruido, ni prender el radio, no se podía escuchar música y muchas otras cosas que no se podían hacer.

En la Semana Santa se comía viandas, pescao frito o en escabeche, se comía mucho repollo, lechuga, tomate, bacalao, arenca ahúma o arenca de agua y también berro. Dentro de las actividades de la Cuaresma estaban los viacrucis, muchas gente nos acompañaban desde el principio del barrio hasta el final de este en el Viacrucis. Había uno o dos sectores que en más de una ocasión nos lanzaron piedras, pero por lo general era tranquilo y la gente lo disfrutaba. La gente se unía en la comunidad con esas actividades.

El Charco la Guajanilla

Un poco más abajo de la casa de mi abuela, de la nueva casa, había un charco que le decían el "Charco la Guajanilla", no sé porque el nombre, quedaba como a unos quinientos metros más abajo, mucha gente venía de otros barrios a nadar por lo grande y profundo que era y por las lajas que tenía en la cabecera del charco desde donde se lanzaban los atrevidos nadadores. Echaban hasta competencias a ver quién se lazaba de lo más alto.

No sé cuánto tenía de profundidad pero los que nadaban en el decían que no tenía "Fin", lo que querían decir era que ningún nadador había podido llegar hasta el fondo del charco. Además del charco "La Guajanilla", había otros charcos peligrosos por su forma o profundidad. Como quinientos metros más abajo estaba el charco de "La Vaca" no sé porque el nombre y como a unos dos kilómetros más arriba el charco de "La Olla", este era redondo y de ahí el nombre.

La Jolla "El Coquí"

En los años sesenta el río Jacaguas era limpio y la gente disfrutaba mucho de sus aguas. Bañarse en el río era entretenimiento familiar. Un poco más arriba del charco "La Guajanilla", había una quebrada que bajaba del barrio El Limón que tenía agua todo el año y era un poco caudalosa, le decían la "Jolla el Coquí", me daba mucho miedo pasar por ella, la carretera corría dándole la vuelta a una loma en forma de herradura, era oscura y solitaria, se oían los coquíes cantar hasta de día, no sé porque me daba miedo pasar por ella, quizás por lo solitaria y oscura que era y uno se sentía desprotegido ya que no habían casas cerca, se sentía uno como al acecho del peligro, pero todo era la imaginación porque nunca llegó a pasar nada allí.

Más abajo del charco "La Guajanilla" a orillas de la carretera había unas casas las cuales las personas le decían "Los Cuarteles", aparentemente ahí vivía gente acomodada muchos años antes. Era tienda y escuela, se hicieron viviendas y por eso lo llamaron cuarteles porque vivía mucha gente en ellos como si fueran cuarteles del ejército.

Un poco más abajo donde se une la carretera que baja del barrio Limón, con la del barrio Apeaderos, a mano izquierda en dirección hacia el pueblo había una casa entre la carretera y la montaña que pertenecía a mi tía "Olguita" y a su esposo, "Don Fonso" como todos los conocían. Titi Olguita, como le decíamos era la mujer más dulce que he conocido y que llevo en mis recuerdos desde niño. Recuerden que un niño nunca se olvida de quien lo trata bien y tampoco se olvida del que lo trata mal. Don Fonso y Titi Olguita dedicaron su vida a su familia. Todos sus hijos les gustaba estudiar y era una familia ejemplar, pero había uno de ellos que era un ser muy especial, se llamaba "Abner". Abner tenía el don de poner alegría donde hubiera tristeza, con solo una sonrisa te daba paz y de solo darte la mano aliviaba tus angustias, para él la unión familiar era algo muy especial y siempre que podía procuraba visitar a todos sus familiares.

Siempre que llegábamos a casa de Titi Olguita, ella nos ofrecía de todo lo que tenía y como había dicho era tan dulce su voz que te hacía sentir bienvenido a su casa. Su esposo, Don Fonso, era un señor blanco de ojos azules, bajito en estatura, pero muy alto en educación y respeto, con mucha sabiduría, de voz apacible, de conversación interesante y siempre con atinados consejos. Titi me daba dulces, limber, jugos, frutas, de todo lo que encontraba.

Cerca de la casa de mi abuela, de la primera, había dicho que estaba la casa de Ana, era una casa de madera de color roja, debajo de la casa su hijo "Nito", jugaba y guardaba sus juguetes. Ana era viuda y siempre se las arreglaba para darle lo mejor a Nito y a toda su familia, claro que, Nito era el regalón o el hijo más pequeño. Una de las hermanas de Nito se había casado con un muchacho que creo que se llamaba Josué. Él era conductor de camiones en ese tiempo y creo que conducía camiones de caña.

Alka, Brisas del Caribe y el Gallo

Josue tenía un arte manual increíble, él le hizo a Nito un camión de juguete, medía como dos pies de largo, pies y medio de ancho y pies y medio de alto, aquel juguete era una réplica de los camiones que se usaban en los años sesenta, tenía de todo y era la envidia de cuanto muchacho había en el barrio, incluyéndome a mí.

Nito, no dejaba que nadie le tocara sus juguetes y con razón, el cuidaba mucho sus pertenencias. A Nito, siempre le gustaba andar bien arreglaito aún a su corta edad y Ana siempre procuraba que así fuera. En los años sesenta se usaba mucho la brillantina para el pelo, se usaba mucho la brillantina "Alka" que venía en un pequeño pote o envase blanco y era de color azul, olía muy bien, era lo que estaba a la moda junto a la colonia "Brisas del Caribe", mucha gente la usaba para mantener el pelo bien peinado en su sitio y otros para hacerse el famoso "Gallo" que se usaba en ese tiempo.

Nito siempre estaba acostumbrado a salir de su casa bien peinado, pero un día parece que se le había acabado la brillantina y llegó hasta la casa de mi abuela con una lata de manteca en la mano para que mi tía "Noelia" le hiciera el favor de abrírsela; cuando mi tía le preguntó qué pensaba hacer con la manteca, creyendo ella que él iba a cocinar algo, él le dijo que era para usar un poco en el pelo; mi tía le dijo que no porque iba a oler mal y cuando se acostara a dormir hasta las cucarachas iban a estar de fiesta corriendo por su cabeza. Bueno mi tía Noelia fue hasta uno de los cuartos y en un papelito le trajo un poquito de la brillantina que había en la casa. Este suceso demuestra cuán bella es la ignorancia de un niño.

Había mencionado que Panchito, también trabajaba en las piezas de caña de Don Fonso, así como el, muchos más en el barrio, diríamos que era la fuente de empleo más grande que había en esa área, hasta mi hermano mayor Julio, a sus trece años empacaba caña y la cargaba en paquetes para llenar el camión, que luego esta carga seria transportada hasta Ponce, donde seria procesada. Esto, Julio lo hacía los sábados ya que durante la semana estudiaba.

La Zafra y el Capataz

*P*ara Panchito, era una tarea de todos los días mientras durara la "Zafra" así se le decía al tiempo en que la caña estaba lista para cortar. En las piezas de caña tenían a los obreros separados por grupos o categorías; los más diestros con el machete cortaban la caña, otros empacaban y llenaban los troces.

También en ese sector conocido como barrio El Pino, se encontraban las piezas de caña de Don Ariel, al cual nunca conocí. Este señor tenía un capataz que se llamaba, "Gino" hermano de "Jano". Gino siempre andaba montado en su caballo, vestido de "Kaki" y usaba sombrero, también siempre andaba con un látigo, no sé cuál era su uso. Su voz era bien gruesa, creo que cuando daba órdenes a los trabajadores, era una voz quizás apropiada para poder ejecutar sus funciones como capataz.

Su hermano, "Jano" era un poco más callado. Tanto, Gino como Jano, eran dueños de juntas de bueyes, las cuales ellos mismos trabajaban y alquilaban a todos aquellos que querían romper terrenos para sembrar.

Como en el barrio muchas personas trabajaban en la caña, también lo hacían los sábados. Mi hermano también lo hacía, y yo tenía que llevarle al mediodía la fiambrera que mami le preparaba para que almorzara. También llevaba otras para otros trabajadores, los cuales me pagaban cinco chavos por cada viaje. Lo que yo hacía, era que las amarraba a los extremos de una vara, me las echaba al hombro y tenía que llevarlas como a una distancia de dos kilómetros.

El trabajo en la caña no era fácil, a los trabajadores se les pegaban las avispas, las hormigas, la picazón de la pelusa de la caña, las cortaduras de la hoja de la caña, las caídas que se daban, lo que dolía el cargar al hombro esos paquetes tan pesados todo el día, más el castigo de ese sol tan caliente sobre ellos todo el día; no era fácil pero era uno de los medios que se tenía para sostener la familia.

La caña creo que se empezaba a cortar del mes de febrero en adelante, pero para el tiempo de la Navidad, las piezas de caña se ven adornadas por la flor de caña, una espiga color plata, lanuda y como en forma de triángulo. Por las mañanas las gotitas del roció se pueden notar en ellas y cuando el sol les da parecen como cristales que brillan en estas flores. Son muy bellas, le dan un toque de alegría a la vista, en la Navidad.

Tenemos tantas cosas bellas que la mayor parte del tiempo, no nos detenemos a apreciarlas ni a dar gracias a quien nos las dio para nosotros poder disfrutarlas.

Según iban surgiendo nuevas fuentes de empleo, la gente iba abandonando sus empleos en la caña o en las fincas de café o en general en la agricultura, buscando mejores condiciones de empleo. Muchos se fueron a trabajar a las fábricas de ropa, a las de zapatos o tenis, a las de cemento o a trabajar con el gobierno.

Las piezas o sembradíos de caña fueron decayendo por falta de mano de obra, de obreros, por lo poco que pagaban, por el trabajo arduo comparados con otros. Día por día se fueron deteriorando las siembras a tal punto que estos terrenos se empezaron a utilizar para alimentar el ganado.

El Quincayero

También no nos podemos olvidar que en los años sesenta existía un personaje pintoresco y yo creo que en todos los barrios había uno. Me refiero al "Quincayero", yo no sé de donde viene el nombre pero recuerdo haberlo visto en varias ocasiones. Este señor iba de casa en casa con un paquete grande envuelto en una sábana, a veces lo cargaba en la cabeza o en los hombros amarrado a los extremos de un palo. En esos paquetes el llevaba mercancía para la venta. El "Quincayero", cogía la sabana y en el centro de esta ponía su mercancía amarraba las dos puntas opuestas de las esquinas y le hacía un nudo en el medio, las otras dos puntas y amarraba el paquete para cargarlo.

Bueno en ese paquete, el llevaba de todo; ropa para hombres, mujeres y niños, ropa interior, prendas, rosarios, perfumes, cuadros y muchas otras cosas. Si le podías pagar, le pagabas sino él te fiaba hasta la próxima ocasión o le pagabas a plazos. Sé que en Apeaderos había uno de apellido Rodríguez y hasta el barrio Ortiga, llegaba uno que decían que era de Coamo y le decían "Saltapichón".

La Santigüera

Como había dicho después de la casa de "Yingo" estaba la casa de Herminio y Lucia, ellos tenían tres hijos, dos niñas y un niño que se llamaba "Joel", en varias ocasiones llegamos a jugar con él, pero mucho tiempo se pasaba solo, meciéndose en un columpio que colgaba de un palo. La mayor parte de las veces que yo iba a la casa de mi abuela me encontraba con mi amigo "Gelo", en muy pocas ocasiones jugaba con mi amigo "Joel" o con mi amigo "Nito" éramos todos más o menos de la misma edad.

En muchos barrios había una persona que "Santiguaba", santiguar se le conoce a un don que tienen algunas personas que con sobos y oraciones pueden curar a otras personas de dolencias en la espalda, estómagos, piernas dislocadas, tobillos torcidos por caídas o empachos en niños, que era común en los años sesenta.

Nosotros conocíamos a "Sica", la esposa de Lino. Una vez mi mamá llevó a Julio, mi hermano a la casa de Sica, porque se había lastimado la rodilla brincando o haciendo ejercicios. La rodilla se le había hinchado de una forma que parecía dos veces su tamaño normal. Ella empezó el proceso de santiguarlo pasándole aceites y mezclas medicinales hechas por ella, de plantas. El dolor que mi hermano sufría era inmenso, pero pudo soportarlo y Sica, lo curó. Sica era muy conocida en Apeaderos.

En el barrio "Jagueyes" también había otra señora que santiguaba y que era conocida en mi pueblo y en otros pueblos vecinos, su nombre "Pepita", muchos fueron sus pacientes, incluyendo a mi padre "Don Antolino".

La Llegada de Gin

En los años sesenta en las escuelas se celebraban los "Fildey", en inglés, "Field Day" y los niños practicaban el salto con pértiga, que era coger una bambua y tratar de saltar lo más alto y pasar sobre otra vara sostenida en los extremos por dos palos en forma vertical espetados en la tierra. Cuando los niños saltaban alturas de cinco, seis o siete pies de alto venían a caer en un hoyo cuadrado hecho en la tierra que luego se llenaba con hojas secas de guineo o con yerba. La caída era brusca y de ahí muchos se lastimaban las rodillas o los tobillos. Ese fue el caso de mi hermano Julio, el mío y el de muchos niños que practicaban ese deporte.

    La llegada de "Gin" al barrio era todo un acontecimiento, Gin era mi tía por parte de mi madre. Se había casado muy joven y se había ido a vivir a los Estados Unidos, a la ciudad de Newark en New Jersey. No sé cómo era que esto ocurría, pero era como un sentimiento de alegría que compartía todo el vecindario cuando veían a alguien que se había marchado, llegar de nuevo aunque fuera de visita al barrio. Todo el vecindario los recibía con cariño y de hecho ella traía regalitos para todos aquellos que ella se acordaba y cuando se marchaba todos sentían su partida, estas visitas eran cada dos años por lo general.

    Recuerdo también a una familia que vivía de la carretera al otro lado del río por donde mi papá y los vecinos habían construido el puente. Era la familia de "Don Genaro", este señor era un hombre muy trabajador y de voz apacible. Para los años sesenta trabajaba en la fábrica de cemento en Ponce, cuando el saco de cemento de cien libras costaba cincuenta chavos. Nos llevábamos muy bien con ellos pues era una familia tan grande como la nuestra y teníamos muchas cosas en común.

Recuerdo que el hijo mayor de Don Genaro, "Gilo" una vez estaba junto a mi hermano mayor, Julio, sacando o amontonando arena del río para la construcción del puente, mi hermano a su edad no era muy diestro en esto y cuando llenaba la pala de arena y la trataba de lanzar como a una distancia de aproximadamente diez pies, la arena se regaba, entonces, "Gilo", le dijo, Julio dame acá la pala te voy a enseñar como se hace. Le hacía un movimiento a la pala hacía abajo y la arena viajaba por el aire en un montoncito hasta el sitio donde la estaban amontonando. También recuerdo que su hija Lila, trabajaba en una farmacia no se en que pueblo pero encontrábamos eso importante.

El Gas Kerosene

También en la parte más arriba del barrio Apeaderos, vivía un señor que se llamaba "Nesto", dueño de camiones que junto a sus hijos transportaban el gas kerosene hacía las tiendas en unos camiones parecidos a los que transportan gasolina pero un poco más pequeños. Llegaban a los negocios donde se vendía el gas por galones y con una manguera desde el "troh" llenaban unos drones y había negocios que habían soldado dos drones para que cupiera más gas en ellos, ya que estos viajes se hacían una vez a la semana para suplir a los negocios. Recuerden que el gas kerosene se usaba mucho en los años sesenta. Estos drones que tenían las tiendas tenían una pluma en la parte de abajo por las cuales tú obtenías el gas. Muchas veces tuve que despacharme yo mismo el gas y a veces no me gustaba hacerlo porque cuando la pluma no estaba en buenas condiciones me mojaba las manos en gas y no me gustaba el olor.

Un bien a un niño, este siempre lo recuerda. "Guillermo", vivía con Don Andrés, su tío, era nieto de Don Manuel, estudiaba y también trabajaba guiando un carro público, un día de regreso a la casa por la tarde, faltaban como dos kilómetros por llegar, el detuvo su carro y nos dio "Pon", nos llevó de regreso a nuestras casas, esto no era usual en los que conducían carros de pasajeros pero él lo hizo y así lo recuerdo.

La Mentira

A todo niño se le ocurren cosas y a mí se me ocurrió mentirle a mi mamá. Un día que me envió a la escuela, ya era tarde y los demás niños se habían marchado, la distancia era larga y a mi me daba miedo pasar solo por algunos sectores, yo había escuchado en algún sitio que las culebras silbaban y cuando iba a mitad de camino me dio con regresar a la casa y decirle a mi madre que en el camino había una culebra silbando y yo no me atreví a pasar.

Pero como el dicho dice, "Cuando tú vas yo vengo" o sea que mi mamá sabía que yo le estaba mintiendo. Me dejo llegar a la casa tranquilito, cogió una rama de la escoba de palma con la que barría el patio y la que silbaba era la rama cada vez que hacía contacto con mis piernas ya que usaba pantalones cortos. Recuerda esto si le mientes a tus padres solo tú eres el que te engañas.

La Burla

Ya saliendo del barrio Apeaderos y entrando al barrio El Pino casi llegando a la tienda de Eduardo, siempre había un señor que le llamaban "Lalo", parece que era un poco impedido. Había un muchacho de Apeaderos, que no recuerdo su nombre, sé que era mayor que yo, ya estaba en la escuela intermedia. Este todos los días se burlaba de "Lalo", le gritaba, se mofaba de él.

Un día bajábamos en grupo, cuando menos el muchacho lo esperaba fue atacado por "Lalo", el muchacho se salvó de milagro de un golpe. Sé que su cara cambio de colores, echó a correr y no volvió más a charlar a, "Lalo". Nosotros los del grupo no nos atrevíamos a pasar por el lugar de la escena, pero él nos dijo, pasen que ustedes son buenos, es este sin vergüenza que me molesta todos los días. No volvió a ocurrir y el muchacho aprendió su lección.

Los Emigrantes

No puedo dejar de mencionar a los emigrantes que hay en cada barrio, los que yo recuerdo en los años sesenta eran; Saúl el hermano de Nito, Fito el hijo de "Jacinta la Ciega" y Epifanio el esposo de Lula. Y también, "Lito" el hijo de "Tano", ellos viajaban al exterior, a los Estados Unidos, a trabajar y casi siempre regresaban para la época navideña, era siempre grato ver caras que por algún tiempo uno había dejado de ver.

No puedo olvidarme de los chóferes de carro público que cubrían la ruta de Apeaderos vía El Pino, hasta el pueblo y que en el pueblo la parada de carros públicos de Apeaderos, era en la calle Bencebil, mejor conocida como, la calle "El Sorullo". No sé porque la llamaban así, ya que es una calle en forma de "U".

Los Choferes de Carro Público

Los chóferes que yo recuerdo que daban ese servicio en ese tiempo eran: Don Ede, hombre bajito en estatura física, de habla pausada y muy educado, usaba espejuelos y usaba sombrero. Tony, alto un poco grueso, alegre y agradable. Neco, alto y muy serio. Tite, hombre alto, delgado, agradable y chistoso, estos son los que yo recuerdo además de Don Andrés y Guillermo que anteriormente había mencionado. El pasaje costaba diez chavos en los años sesenta, los carros cargaban seis pasajeros.

De este tipo de trabajo estos servidores públicos mantuvieron a sus familias y muchos de ellos lograron darles una buena educación a sus hijos. En los años sesenta se usaba mucho la transportación pública, era una fuente de empleo.

El Lagartijo

$\mathcal{R}$ecuerdo también un suceso que paso con mi hermana "Lale", como le decíamos porque su nombre es Areliz, al igual que mi madre. Como muchas niñas y niños le tenían miedo a los lagartijos, ella tenía seis años, un día cuando regresábamos de la escuela El Pino hacia Apeaderos, un niño de esos que era un poco más grande que los demás venía molestando y asustando a todos los niños, yo también le tenía miedo porque era más grande que yo. Él no le tenía miedo a los lagartijos y cogió uno y se lo lanzó encima a mi hermana "Lale" que grito del pánico que le causó. Yo no sé de dónde saqué valor y me le enfrenté, esto ocurría en el trayecto hacia Apeaderos, cerca del charco "La Guajanilla", el niño retrocedió y no volvió a molestar a mi hermana y yo le perdí el miedo que le tenía. Los lagartijos no hacen daño pero como su piel es pegajosa causa una sensación que a muchas personas no les gusta.

El Barbero

Para ese tiempo se mencionaba que por los campos y montañas de mi pueblo había un prófugo de la justicia, su nombre "Peyo" y con la ignorancia de un niño les decía a los que me acompañaban en grupo de la escuela a la casa, si lo veo lo reconozco porque tiene que tener la barba larga y sus ropas rotas y sucias.

No se me puede quedar sin mencionar al barbero del barrio, que también hacía visitas a domicilio, este era "Don Anton". Todos lo conocían por "Anton el Barbero", era bajito, usaba un sombrero pequeño color gris y siempre andaba con una maletita en donde llevaba todo su equipo de recortar. Durante la semana recortaba en Apeaderos, los sábados subía hasta el barrio Ortiga, en donde también tenía sus clientes.

El Primer Televisor del Barrio

Y que les parece cuando llegó el primer televisor al barrio, claro que estando en los años sesenta era en blanco y negro. El primero que tuvo televisor en Apeaderos fue Albino, el señor que comerciaba con productos agrícola. Todas las tardes los niños, los jóvenes y otros, le llenábamos la sala, el balcón, el patio y la orilla de la carretera que desde ella por una ventana algunos vecinos podían ver lo que se estuviera exhibiendo en esa tarde.

Casi siempre prendían el televisor como a las seis de la tarde, pero las funciones buenas empezaban como a las siete. Lo más que nos gustaba eran las películas de vaquero, en especial las de "Bonaza", "Los Hombres Altos", "Ringo", "Cheyenne" y hasta los anuncios nos gustaban, nos divertíamos, nos entreteníamos, y éramos felices con lo poco que teníamos.

La Mudanza

Las emisoras de radio que se escuchaban eran "WKAQ" y "WPAB" mayormente. Entre la programación que se escuchaba era: "Felipe Rodríguez y el trio Los Antares", cantando sus éxitos, esto era a las 11:45 am. A las 12:00 daban las noticias, luego "Torito and company" con "José Miguel Agrelot y Luis Vigoreaux y su elenco". Luego "EL Tremendo Hotel" a la 1:00 pm , "La Tremenda Corte" con "Tres Patines", después "Los Tres Villalobos". Más tarde como a eso de las 5:00 pm daban la serie "Tawari", estilo "Tarzán de la Selva" o la serie "Leonardo Moncada".

Para 1962 nos mudamos del barrio Apeaderos, al Residencial Efraín Suárez, a un apartamento en el segundo piso, un poco incómodo por el tamaño del apartamento, pero teníamos otro tipo de comodidad, por primera vez teníamos estufa eléctrica, televisor y baño dentro de la casa.

Las Bolitas de Corote

$\mathcal{P}$ara ese tiempo se jugaba mucho la bolita de corote, como le decíamos, en otros países le dicen "Canicas". Se jugaba en distintas formas , se apostaba y tu pagabas con las bolitas de corote. Se jugaba tratando de darle a la bolita de corote del oponente con la tuya y si lograbas darle cobrabas lo que habías apostado y si fallabas le tocaba el turno al oponente.

Otra forma de jugar era a la olla o a la coa como le llamaban. Tú hacías un círculo en la tierra y ahí depositabas todo lo que ibas a apostar. Si apostabas 10, 20, o 30 bolitas el oponente tenía que poner la misma cantidad dentro del círculo. Podían jugar todos los que quisieran, después de poner todas las bolitas en la coa o en la olla como a diez pies se marcaba una raya, se iba uno al lado de la coa y lanzaba el "Pique" que así se le llamaba a la bola principal o de mayor tamaño que era con la que uno iba a jugar.

Quien quedara más cerca de la raya era el primero que iba a tirar desde la raya hasta la coa o acercarse para que en el próximo turno poder darle con el pique a las bolas que estaban dentro del círculo. Si lograbas sacar bolas con tu **"piqué"**, esas bolas te pertenecían pero si tu piqué se quedaba dentro del círculo, te ahogabas, así se le decía y perdías el resto de las bolas que habías apostado o puesto dentro del círculo.

Yo tenía muchas creo que alrededor de 150, mi amigo y contrincante, de nombre Zoilo, tenía muchas más que yo, creo que pasaba de 300. Mi amigo y yo apostábamos a tal punto que yo perdí todo lo que tenía, porque en varias ocasiones mi piqué se ahogó, se quedó dentro del círculo, pero esas eran las reglas y había que acatarlas, me sentí arruinado. Las bolitas de corote, también nosotros las vendíamos, creo que a tres o a cinco por chavo y con el dinero que hacíamos comprábamos dulces.

El Tablazo

En una ocasión se formó una discusión con otro muchacho que no recuerdo su nombre. Este tomó una tabla, un pedazo de madera y me dio un tablazo por detrás de la pierna que me la adormeció de tan duro que me dio. Yo no me podía quedar dao y me le avalancé encima, logré quitarle la tabla y le dí varios cantazos con ella, pero para mi no le había dado como yo quería porque se me fue corriendo. Esa misma noche el venía con un grupo de amigos hacia la placita del residencial, yo sin esperar me le puse al frente saqué el puño y le pegué al estómago, el muchacho cayó al suelo. El padre de este desde el balcón de su apartamento vio lo que estaba pasando, me ha dado una trilla, se lanzó a correr detrás de mí, que si no llego a ser rápido corriendo no sé lo que hubiese pasado.

Luego el padre del niño de 10 o 11 años fue a darle la queja o a reclamarle a mi madre. Mi madre le dijo: Bueno señor, yo ví todo lo que paso, ví cuando su hijo le dio con una tabla al mío y usted no vino a quejarse y hubo mucha gente que vio lo que pasó, así que su hijo no es ningún santito y además esas son cosas de muchachos, dentro de poco los vera jugando otra vez. El señor parece que vio que mi madre tenía razón y se marchó sin más argumentos.

John F. Kennedy

*P*or ahí como para 1962, inauguraron el residencial y trajeron a la cantante del momento a dar su espectáculo, esta era Reina, que en ese tiempo estaba pegá, sonaba, estaba en todo su apogeo de su carrera artística.

Para esa época también cuando había una fiestecita se invitaba a familiares y vecinos, cada cual aportaba algo y se disfrutaba la fiesta en armonía y hasta se bailaba, "la Pachanga", que estaba de moda.

Para 1963, yo tenía 11 años y fue cuando recibimos la triste noticia de que habían asesinado al presidente, John F. Kennedy. Sentí a mi corta edad que el mundo se había quedado huérfano, no me explico por qué ese sentir, que hasta lloré, sin saber nada del mundo, ni de la política o de sus gobernantes. Todo el mundo lloró la pérdida de John F. Kennedy. Grandes y niños, todos lloraban, se había perdido un gran protector, un gran amigo, un gran ser humano, un hombre bueno.

Mientras en el caserío o residencial, como se le dice ahora, en las oficinas hacían actividades de verano, eran muy buenas, no sé si ahora las hacen; se jugaban torneos de volibol, juegos de pelota, torneos de damas, carreras en sacos o en carretillas. Esta última, la carretilla, uno cogía a su compañero de carrera por las piernas y lo levantaba a la altura de la cintura mientras él ponía las manos en el suelo, se hacían competencias contra otros contrincantes. Se establecía la distancia, se corría y a la vuelta los compañeros de equipo intercambiaban posiciones hasta llegar a la meta y declarar un ganador, era muy divertido.

Fíjense cuanta creatividad había. Los juegos de damas los preparábamos nosotros mismos, ayudados por personas mayores que nos enseñaban voluntariamente. Para preparar el juego de damas, cogíamos un pedazo de tabla, lo dividíamos en cuadros. Los cuadros eran aproximadamente de una pulgada cuadrada, pintábamos los cuadros unos de rojo otros de negro, buscábamos tapas de jugos o refrescos, las pintábamos también de rojo o de negro y ahí teníamos nuestro propio juego de damas que nos mantenía ocupado jugando y fuera de peligro.

La PRERA

Según uno va creciendo va aprendiendo y llegó el momento de dedicarme a ganarme mis centavos en ese lugar. No había muchas oportunidades pero había que ingeniárselas. Como a unos quinientos metros antes de llegar al caserío, estaban los almacenes de la "PRERA", esto era un almacén de alimentos que el gobierno utilizaba para entregar compras a todas las familias que cualificaran. Le daban una compra mensual. Eran muy buenos alimentos. Estas compras eran de acuerdo al tamaño familiar. En muchas ocasiones algunos de estos alimentos se perdían porque muchas familias no sabían prepararlos y tampoco se les había educado en la mejor forma de cómo utilizarlos.

Como el almacén quedaba como a diez minutos del pueblo o de la parada de carros públicos. Ya los carros públicos no iban allí a recoger pasajeros con sus compras. Me dí cuenta que algunos niños llevaban compras en sus carritos que ellos mismos habían construido, hasta la parada de carros públicos y cobraban por ello. Yo construí mi propio carrito y todos los días durante mis vacaciones de verano me iba a cargar compras. Mi carrito no era tan bueno como el de otros niños, ya que tenía ruedas de bolines muy pequeñas y donde quiera se encajaba haciéndome la trayectoria un poco más difícil.

El Conserje

$\mathcal{E}$n Puerto Rico la política siempre ha reinado sobre el deporte y sobre otros asuntos de interés, en mi pueblo, no era la excepción con los dimes y diretes y las discusiones. Recuerdo una discusión de política que llamó mi atención. Está discusión bastante fuerte fue entre "Baleno" y "Goyla" dos personas muy queridas en el caserío. Baleno ponía en el balcón de su apartamento la bandera americana y se hacían llamar defensores de la estadidad.

Cruzando la calle en el otro edificio vivía Goyla y ponía la bandera del Partido Popular, desde sus respectivos apartamentos discutían cada cual a favor de sus partidos políticos.

Recuerdo también al conserje o la persona que le daba mantenimiento a todo el caserío, le decíamos "Panchin", usaba gafas oscuras. Hombre blanco, colorao, medio gordito pero fornido, era bueno con nosotros los niños, aunque imponía respeto. Siempre mantuvo las áreas del caserío limpias y en buen estado. Mantuvo este trabajo por años. Luego me entere que se había mudado de Villalba y viajaba todos los días desde Bayamón hasta nuestro pueblo a desempeñar sus labores, que gran dedicación a su trabajo, cuánto deberíamos aprender.

El Fiao

La administradora del caserío creo que se llamaba Monin, una señora de tez blanca, educada, muy amable y siempre dispuesta a hacer lo mejor por el caserío. Ni Panchin ni Monin, eran empleados o funcionarios públicos que estaban pendientes al cheque que recibieran el quince o el treinta de cada mes. De hecho para los años sesenta los funcionarios públicos cobraban una vez al mes. Esto era un problema para los empleados del gobierno. Muchos de ellos tenían que hacer su compra en las tiendas donde les fiaban hasta que llegara el cheque.

Las cuentas de los clientes y las cuentas de los dueños de las tiendas muchas veces no cuadraban y el descuadre por lo general iba a favor del vendedor no del cliente. Extraño verdad. Había mucha gente que decía que el lápiz corría y todavía lo dicen, pero no podían probarlo, es posible que al cliente se le olvidara lo que cogía fiao porque casi nunca llevaban cuenta de ello. Se veían obligados a coger fiao durante todo el mes. Por lo general hacían una compra grande los sábados y durante la semana cogían los encargos que necesitaran de momento. A veces no saldaban las cuentas, sólo abonaban lo que podían. Muchas veces los clientes se mudaban a otros pueblos o fuera del país dejando embrollao al dueño de la tienda que les había dado servicio.

Otro de los sucesos que recuerdo del caserío, era la desaparición de la ropa que se tendía a secar en los cordeles. Las amas de casa tendían la ropa a secar al sol y cuando iban a recogerla notaban que faltaban algunas prendas. Ocurrió en varias ocasiones, hasta que los vecinos se pusieron de acuerdo y prestaron vigilancia. En una ocasión notaron que venía un grupito como de cuatro o cinco jóvenes con las caras tapadas con máscaras y empezaron a ver lo que hacían.

El grupo de vecinos estaban escondidos, entre ellos mi padre; cuando ellos cogieron la primera prenda, los vecinos dieron la voz de alerta y corrieron a ver si los atrapaban, solo lograron atrapar a dos de ellos, los llevaron al cuartel de la policía y los dejaron libres porque solo eran jóvenes haciendo pequeñas maldades, pero les advirtieron que si los atrapaban haciendo lo mismo entonces si les iban a someter cargos y serían sus padres los responsables de todo. Aparentemente el esfuerzo en conjunto de los vecinos dio resultados positivos, porque nunca más que yo recuerde volvió a suceder.

El Juego de Sala

Otro suceso que recuerdo del caserío fue gracioso, mis padres le compraron un juego de sala a una vecina y cuando lo fuimos a buscar, pues nos llevamos los muebles, incluyendo la mesita de centro, a está le faltaba el cristal. Mi madre me pidió que fuera a casa de la vecina a buscar el cristal de la mesita, cuando le pregunte a la señora que creo que se llamaba Cefa, está me dijo, Vito lo rotó y Luce lo votó. Así mismo se lo conté a mi madre la cual se echó a reír porque lo encontró gracioso.

Para 1964 nos mudamos al barrio **Ortiga** de Villalba, pero ya eso es otra historia...

DATOS DEL AUTOR

Nació el 1 de junio de 1952 en Villalba PR. Es el tercero de una familia de trece hijos de Don Catalino Torres y Doña Gladys María Bonilla. Cursó sus grados primarios en la escuela El Pino de Villalba y en la escuela Bermejales de Orocovis y su secundaria en la escuela Superior de Villalba. Ingresa en las fuerzas armadas de los Estados Unidos en 1972 hasta 1974. En 1975 ingresa activamente en la política de su pueblo, creando un programa radial para su partido y en 1976 es electo asambleísta municipal a la edad de 24 años.

Para esa misma fecha contrae matrimonio con la joven, Margarita Reyes Marrero y procrean tres hijos; Alexis Romualdo, Cristian Abner y Stephanie Nacely. Para 1986 se traslada a la ciudad de Waltham, Mass, donde trabajo para la compañía "Raytheon" que tenía contratos con el departamento de la defensa.

En 1989 funda el "Centro Familiar Educacional Hispanoamericano de Waltham".

En 1990 crea el programa radial, "Con Sabor Hispano" el cual transmitía por la emisora WBRS de la Universidad Brandeis en Waltham Mass. En 1993 decide regresar a su pueblo natal de Villalba donde actualmente reside con su familia.

Agradecimiento

A mis hijos Alexis Romualdo, Cristian Abner Y Stephanie Nacely. Por ser hijos buenos, por hacerme la tarea de padre más fácil. Por hacerme sentir muy orgulloso de todos y cada uno de ellos. Por ser mis dos soles y mi estrella, "LOS AMO".

A mi esposa Margarita Reyes, por ser excelente madre, esposa y compañera. Por estar junto a mí en las buenas y en las malas, por sus sabios consejos y sacrificios.

TE AMO.

Colaboración

Stephanie N. Torres Reyes, Cristian A. Torres Reyes.

Alexis R. Torres Reyes, Marielly Serrano Torres y

Margarita Reyes Marrero.

Made in the USA
Columbia, SC
14 February 2023